LES ARTS

ET

L'AMITIÉ,

COMÉDIE

EN UN ACTE, EN VERS LIBRES.

Représentée, pour la première fois, par les Comédiens Italiens, ordinaires du Roi, le 5 Août 1788. *par Mᵉ Bouchard.*

Prix, 1 livre 4 fols.

A PARIS,

Chez BRUNET, Libraire, rue de Marivaux,
place de la Comédie Italienne.

1788.

A V I S.

LE fujet de cette pièce, qui mérite à peine le nom de Comédie, eft tiré de l'*Union des beaux Arts*, Conte en Vers d'une invention charmante & très-agréablement écrit, imprimé en 1779 dans un Recueil intitulé : *Graves Obfervations fur les Mœurs*.

Les trois jeunes gens ne font point frères, ainfi que l'ont dit plufieurs Journaux, & l'amitié qui les unit fans ce lien, en eft peut être plus intéreffante. Cette foible production, traitée avec autant d'indulgence par le public que par ceux qui font chargés de l'analyfe de fes plaifirs, doit fon fuccès, moins encore à l'originalité du fujet, qu'au talent de ceux qui la jouent, & qui s'y font portés avec un zèle dont l'Auteur a été bien reconnoiffant.

Vous, à qui je ferois hommage
De mes talens, si j'en avois,
Vous, dont le plus simple suffrage,
Vaudroit pour moi de grands succès :

✦

Recevez, non pas une offrande,
Mais un légitime tribut ;
C'est l'équité qui le demande,
Et m'acquitter est mon seul but.

✦

Si le sentiment & le zèle,
Font quelque effet dans ce tableau,
Votre cœur servit de modèle,
Et je ne l'ai point peint en beau.

✦

Si d'un peu de délicatesse,
L'amour s'y pare quelquefois,
C'est vous encor, je le confesse,
A qui je sens que je le dois.

✦

A qui vous vit aimer & plaire ;
Il eſt facile d'exprimer ,
Chez les bons cœurs , ce qu'il faut faire
Pour bien plaire & pour bien aimer.

❀

Ainſi , toujours , d'après votre amè ,
Eſquiſſant l'amitié , l'amour ,
J'ai ſaiſi quelques traits de flamme ,
Mais l'enſemble ſe cache au jour.

❀

Chez les auteurs il eſt d'uſage
De parler d'un ton exalté ,
Du Mécène de ſon ouvrage ;
On le nomme par vanité.

❀

Je pourrois bien faire de même ,
Mais nous n'en avons pas beſoin ;
Je vous honore & je vous aime ,
Sans prendre perſonne à témoin.

❀

Ce myſtère a pour moi des charmes,

Et l'on ne ſaura même pas,

Si vous ſervez le Dieu des armes,

Ou s'il les rend à vos appas.

PERSONNAGES.	ACTEURS.
BONNE,	M^{ad}. Saint-Aubin.
ARMAND, *Poëte*,	M. Granger.
GABRIEL, *Peintre*,	M. Raimond.
THÉODORE, *Muſicien*,	M. Soulier.
DURCI, *ancien Procureur*,	M. Perigny.
Mlle. DURAND, *ſa Gouver-nante*,	M^{ad}. Gonthier.
M. LE COMMANDEUR DE SURVAL,	M. Courcel.
UN EXEMPT,	M. Cellier.
Suite de l'exempt.	

La Scêne eſt à Paris ou dans une Ville de Province.

LES ARTS ET L'AMITIÉ,
COMÉDIE.

Le Théâtre repréfente une chambre ; Armand & Théodore font fur le devant de la Scêne, l'un d'un côté, l'autre de l'autre. Théodore eft affis devant une table & compofe de la mufique avec une guitare. Armand eft un genou en terre, écrivant & devant veiller à un poëlon de café au lait qui eft fur un réchaud à côté de lui. Dans le fond, Gabriel eft affis fur une chaife, & Bonne acheve de le coëffer ; on voit un tableau de payfage fur un chevalet, & le portrait de Bonne fur un autre. La chambre doit un peu reffembler à un atelier, mais avoir l'air très-propre dans fon défordre ; on voit la porte d'un cabinet de chaque côté, & celle d'entrée dans le fond.
Les trois jeunes gens font en fracs très-fimples, & la jeune fille en blanc, ou en étoffe unie, avec un bonnet très-fimple auffi.

SCENE PREMIERE.
BONNE, GABRIEL, ARMAND, THÉODORE.

BONNE.

JE vois d'ici, brûler notre café.

GABRIEL.

Et moi d'ici, je fens que tu me pique.

A

BONNE, *lui donnant sa main à baiser.*

Pauvre enfant... tiens...

GABRIEL.

Le voilà réparé.

BONNE.

Théodore... un instant, laisse là ta musique,
Et cours au déjeûné, car Armand n'entend plus.

ARMAND.

Si, si...

THÉODORE, *sans quitter sa place.*

J'y vais...

ARMAND.

Souvenirs superflus!...

(*Il souffle sur le café.*)

Vous ne pouvez charmer le tems de son absence,
Restez, nous ne vous chassons pas,
Mais ramenez-nous l'espérance,
Ou conduisez-nous au trépas.

THÉODORE.

Quelle est cette douleur amère?...
Ce n'est pas de notre opéra!..

ARMAND.

Non, c'est une chose étrangère
Je vais vous raconter cela.

COMÉDIE.

BONNE, *à Gabriel.*

Allons, beau Gabriel, ta toilette eft finie.

GABRIEL, *lui baifant la main.*

Bonne, merci pour ce matin,
Et pour hier & pour demain,
Pour tous les jours de notre vie.

BONNE, *allant auprès d'Armand.*

Et toi, que fais-tu là ? voyons ;
Aujourd'hui fi nous déjeûnons,
Ce ne fera pas de ta faute.

ARMAND, *d'un air diftrait.*

Tout va bien... faut-il que je l'ôte.

BONNE.

Non, laiffe-le encore un inftant ;
Que difois-tu donc tout-à-l'heure ?

ARMAND.

Ah ! Bonne, malgré moi, je penfois au tourment...
Si jamais quelque événement,
T'arrachoit à notre demeure....
Et dans des vers bien au-deffous du vrai,
J'effayois d'exprimer....

THÉODORE.

Laiffe là ton effai ;
Quelle bizarre fantaifie !....
Eh ! qui pourroit nous féparer ?

A ij

GABRIEL.

Bonne, notre fœur, notre amie. ...
Quelque fonge funefte a-t-il pu t'infpirer?

ARMAND.

Non, mes amis, ceffez de vous troubler,
Si nous avions un tel malheur à craindre,
Vous verriez dans mes yeux la douleur & l'effroi;
Et croyez-vous en bonne foi,
Que je fongeaffe à vous les peindre?
C'eft de mon efprit vagabond,
Une excurfion déplacée.
Chez mon délire ou ma raifon,
Bonne accompagne ma penfée. ...
Si jamais d'un preffentiment. ...

BONNE.

Mes freres, mes amis, jouiffons du préfent,
Un Dieu bienfaifant nous le donne,
Nous n'avons pris le bonheur de perfonne,
Notre bonheur nous reftera.
Rien que la mort ne nous féparera,
Si je la fubis la première,
Mon ame avec vous reftera
Et chacun l'aura tout entière,
Comme aujourd'hui. ...

GABRIEL.

Si c'eft nous, le dernier vivant

Héritera du fentiment
Des amis dont ta main fermera la paupière.

THÉODORE, *légérement.*

Comme on abforbe en vieilliffant,
Une tontine viagère.

ARMAND.

Bien, mon cher Théodore, bien.
Grace à l'idée incohérente
Du fentiment & de la rente,
Rompons ce funefte entretien,
Et déjeûnons, car la faim me dévore.

BONNE.

Oui dans l'inftant... prends du pain, Théodore,
Aide-moi, Gabriel...

(*Ils vont chercher une petite table & des taffes.*)

THÉODORE, *à Armand, en coupant du pain.*

Il faudra raccourcir
Les derniers vers de ta finale;
Pour une phrafe muficale
Que j'ai...

ARMAND.

Oui, mais il faudroit adoucir,
Le moment où le père arrive,
Ta mefure eft un peu trop vive
Et nuit au calme qu'il nous faut.

A iij

BONNE.

Eh ! vous verrez cela tantôt.

ARMAND.

Toi, Gabriel, pour notre lieu fauvage,
Il nous faut, je crois, plus d'effets,
Des rochers plus noircis, de plus fombres reflets...

GABRIEL.

Oui, j'ai changé la grotte, ainfi que le bocage,
J'en ai l'efquiffe là-dedans... (*Il va pour*
fouiller dans un porte-feuille.)

BONNE.

Finirez-vous ce verbiage,
Meffieurs les hommes à talens ?

ARMAND.

Oui, Bonne, nous voilà...
(*On s'affied autour de la table.*)

BONNE, *en verfant le café.*

Vous favez, mes enfans,
Quelle eft là-deffus ma foibleffe,
Ou je crois, plutôt ma fageffe,
Je veux que tout fe claffe & fe faffe à fon tems.

ARMAND.

Bonne a raifon, je ne veux plus rien faire,
Rien dire, rien penfer, qu'avec fon agrément.

BONNE.

Allons, mangez, mauvais plaisant ;
Je vous ordonne de vous taire.
(*Tout le monde reste un instant dans le silence.*)

THÉODORE.

Pauvre petit… comme il est résigné !

ARMAND.

Messieurs, c'est à moi, comme aîné,
De donner à tous deux l'exemple.
Voilà Gabriel qui contemple,
Le tableau qu'il livre aujourd'hui.

BONNE.

Moi, j'en pense tout comme lui ;
Et c'est un charmant paysage.

GABRIEL.

Amis, ce n'est pas là, mon plus mauvais ouvrage.

THÉODORE.

Ce n'est pas non plus ton plus beau.

GABRIEL.

Il a raison, c'est ton image,
Et sur eux j'ai cet avantage ;
Armand de tes vertus peut tracer le tableau,
Théodore chanter le feu qui nous anime,
Ce sont deux talens que j'estime,
Mais je fus bien mieux inspiré !…

A iv

Dans tes beaux yeux on voit ton ame ;
L'amour s'y montre en traits de flamme:
Qui te peint a tout célébré...
Regardez ce portrait, amis...

THÉODORE.

            C'est elle-même,
Mais Gabriel, ne prétends pas,
Sur la musique avoir le pas.
Jouiffons, ami, fans fystême :
Quand Bonne chante ces couplets,
Qu'Armand & moi nous avons faits,
Quand une image attendriffante,
Dans le récit d'un feint malheur,
Vient s'offrir à fon ame aimante ;
Lorfque nous fentons la douleur
Paffer avec fa voix touchante
De fes levres dans notre cœur,
Et nos yeux fe remplir de larmes...
Méconnois-tu cet art vainqueur
Auquel alors tu rends les armes ?..

ARMAND.

Théodore a raifon, ... Gabriel n'a pas tort:
Mais pour fervir Bonne, & lui plaire,
Nos talens raffemblés, par un commun accord,
Ne doivent point s'envier leur falaire.
De notre lot foyons contens,
Et fur-tout gardons-nous de faire

De l'efprit fur nos fentimens.
Il ne faut pas que des enfans
Se difputent devant leur mère.

BONNE.

De tous ces tendres complimens,
Je ferois bien embarraffée ,
Si je n'étois pas votre fœur ,
Si vous ne connoiffiez mon cœur
Comme mes yeux & ma penfée.
Mon frère vivoit avec vous ;
Unis par l'amitié , les arts & l'indigence ,
Vous braviez la fortune , oppofant à fes coups ,
Et le travail & l'efpérance.
La mort vous a privés de votre jeune ami ,
Vos cœurs long-tems en ont gémi !
Enfin j'ai ranimé la troupe languiffante ,
J'ai remplacé mon frère , & felon fon attente ,
J'ai vers le bien commun ramené vos efforts.
Satisfaits d'une fœur , attentive , empreffée ,
A l'amitié paifible & défintéreffée ,
Vous avez jufqu'ici fu borner vos tranfports :
Vous m'aimez... fans que j'en rougiffe.
Si de l'opinion j'ai fait le facrifice ,
Il s'eft accompli fans remords.
Faire un choix entre vous , peut-être de la haîne
Auroit allumé le flambeau ;
J'ai pris ma part de la commune chaîne
Et nul n'a gémi du fardeau.

ARMAND.

Ah! Bonne , il fait pour nous tout le prix de la vie;
De notre riche & vieux-voisin
Nous excitons un peu l'envie;
Je l'entends souvent le matin
Faire enrager sa triste gouvernante.

THÉODORE.

Oui , notre bonheur le tourmente;
Il voudroit nous voir loin d'ici ,
Cet honnête Monsieur Durci.

GABRIEL.

Hé bien , ma foi , qu'il déménage.
Il en a , s'il veut , le moyen ;
Mais nous , qui ne possédons rien ;
Nous resterons dans notre cage ,
Parce que nous y sommes bien.

ARMAND.

Cage est le-mot, j'aime beaucoup l'image ,
Et Bonne aussi ;... mais, Monsieur le serin,
Pour nous avoir un peu de grain ,
Voudrois-tu bien aller porter ton paysage
Chez cet honnête Commandeur,
Qui de ses bienfaits nous assiége,
Et dont la bonté nous protége, ·
Sans nous montrer le protecteur.
N'as-tu pas laissé passer l'heure?..

GABRIEL.]

Non, d'ailleurs, j'y ſerai rendu dans un inſtant,
A vingt pas de nous il demeure.

(*Il s'approche de ſon tableau*).

Jé voudrois même avant, dans le haut de ce plan
Placer un peu plus de lumière ;
Bonne, qu'en penſes-tu ?

BONNE, *s'en approchant auſſi, ainſi que les autres.*

Non, il ſeroit trop blanc ;
Mais il faut de cette bruyère
Un péu détailler le deſſein.

GABRIEL.

Bónne a raiſon : ce taêt ſûr, délicat & fin
Que ſon goût pour le vrai lui donne,
Vaut mieux que l'art, ſi ſouvent incertain.

ARMAND.

C'eſt que chez elle il n'eſt l'ouvrage de perſonne.

THÉODORE, *à Armand.*

Pendant que Gabriel corrige ſon tableau,
Il faut revoir notre dernier morceau ;
Je crains en copiant d'avoir tronqué la ſcéne.

ARMAND.

Où ?

THÉODORE.

C'eſt l'affaire d'un inſtant ;

Après quoi nous irons voir chez Monsieur Duchêne ,
    Qui nous oublie apparemment ,
Quel jour il veut prêter son théâtre...

BONNE.
                Comment?

Vous fortez tous les trois ?

ARMAND.
        Tu refteras feulette ,
Mais pas long-tems.., tu n'as pas peur ?...

BONNE.
Non, ... mais...

THÉODORE.
        Enfuite il faudra , notre fœur ,
Chanter ma derniere ariette ,
Mon ouvrage d'hier au foir.

BONNE.
Ah ah ! c'eft ce qu'il faudra voir ;
    Et fi l'on ne revient bien vîte ,
Je me ferai prier , ainfi que l'autre fois....
    En attendant, pour me remettre en voix,
  (*A Gabriel.*)
Je vais chanter ta chanfon favorite.

ARIETTE.

De mon bonheur ,
Si vous voulez, je vous dirai la caufe ;
    J'ai fur mon cœur
Cédé mes droits, ce n'eft pas peu de chofe :

Cependant, si-vous m'en croyez,
Le même marché vous ferez ;
Ne redoutez point l'esclavage,
Ah ! laissez médire le sage
Et de l'amour, & du plaisir ;
On sait qu'un sage ainsi n'en use
Que quand son ame lui refuse
Le desir.

Mais à l'amour
Je suis bien loin de borner ma morale,
On dit qu'un jour
Il faut aimer la vertu sa rivale.
Et moi, je veux les accorder
Non les faire se succéder.
Cultivant les arts sans envie
Je jouis auprès de Silvie.
De mon esprit & de mon cœur :
Entre l'étude & la tendresse,
Ainsi j'unis à la sagesse
Le bonheur.

GABRIEL.

J'ai fini... tiens, voilà mon paysage.

BONNE.

Il est très-bien...

GABRIEL.

Allons, je vais donc le lancer.

ARMAND.

Attends, nous ferons du voyage ;
Sans adieu, Bonne.

BONNE.

Hé bien ! on part fans m'embraffer.

(*Ils vont tous l'embraffer*).

THÉODORE.

Nous prends-tu bien fouvent à ne pas y penfer ?

ARMAND.

Ah ! ce feroit nous faire outrage.

GABRIEL, *en l'embraffant.*

Après le bonheur de t'aimer,
C'eft notre plus doux avantage.

BONNE, *le conduifant des yeux.*

Adieu...

SCENE II.

BONNE, *feul.*

POURVU que ce Monfieur Durci
Ne vienne pas, pendant qu'ils ne font plus ici,
Pour me parler du feu qui le tranfporte ;
Le plus fûr eft d'ôter la clef de notre porte,
De peur d'événement...

(*Comme elle va à la porte elle entend quelqu'un.*)

Ah ! grand Dieu, le voici ;
Le méchant a guetté l'inftant à la fourdine.

SCENE III.

Mademoiselle DURAND, BONNE.

Mademoiselle DURAND.

ME permettez-vous, ma voisine,
D'attendre chez vous un instant ?

BONNE.

Ah, Mademoiselle Durand,
C'est vous... de ma frayeur je suis remise.

Mademoiselle DURAND.

Je suis sans clef, Monsieur Durci l'a prise,
Et je ne puis rentrer que lorsqu'il reviendra.
Vous voulez bien...

BONNE.

Ah, tant qu'il vous plaira.
Asseyez-vous donc, je vous prie.

Mademoiselle DURAND.

D'ici je l'entendrai fort bien.
Et je vous tiendrai compagnie,
Si cela ne vous gêne en rien.

BONNE.

En rien du tout.

Mademoiselle DURAND.

Hélas, vous êtes bien heureuse

De ne pas végeter, ainſi que je le fais,
  Près d'un vieillard d'humeur quinteuſe,
  Qui me tourmente & que je hais.
 Si vous ſaviez...

BONNE.

  Mais vous êtes bien bonne !
Pourquoi ſacrifier à ſa triſte perſonne
  Ce qu'il vous reſte encor de vos beaux jours?

Mademoiſelle DURAND.

Vous êtes bien honnête.... Ah! l'on n'eſt pas toujours
  De ſes actions la maîtreſſe;
 La fortune à ſon gré diſpenſe la richeſſe.
  Il m'a bien vendu ſes ſecours;
Il n'a jamais cauſé le bonheur de perſonne,
Et du bonheur d'autrui ſans ceſſe il eſt jaloux.
Ah! vous ne ſavez pas, Mademoiſelle Bonne,
  Les horreurs qu'il me dit de vous,
Et de vos trois couſins, car ils le ſont je penſe...
Le peu de bien auſſi, mais quelle différence,
Sûrement vous oblige à loger avec eux;
Ils vous aiment, au moins.

BONNE.

  Ils ne ſont pas heureux,
 Pour le moment, des biens de la fortune.

Mademoiſelle DURAND.

Doivent-ils hériter? ah! que j'aime cela!

BONNE.

BONNE.

Non, une route moins commune,
J'espère, à l'opulence, un jour, les conduira ;
Gabriel est allé porter un paysage
Chez Monsieur de Surval : un riche Commandeur
 Qui loge dans le voisinage,
 Met aux arts beaucoup de valeur
Et fait aller notre petit ménage.
Les deux autres ensemble ont fait un opéra
 Dont l'idée est neuve & piquante,
 J'espere qu'il réussira,
 Car la musique en est charmante
 Et les vers pleins de sentiment.

Mademoiselle DURAND.

 Ah ! je n'en doute nullement
 Et tout parle ici son langage,
(*En pleurant.*)
 Il n'en est pas ainsi chez nous ! . . .

BONNE.

Ma pauvre demoiselle, allez, prenez courage,
Si nous réussissons, quelque jour avec nous
Vous viendrez partager, & vous serez heureuse.

Mademoiselle DURAND.

Ah ! que vous êtes généreuse !

BONNE.

Vous quitterez. . .

      B

Mademoiselle DURAND.

Hélas dès aujourd'hui !
Je ne tiens point du tout à lui,
Et si vous voulez, ma voisine,
Je puis vous aider… vous servir ;
Je sais faire un peu de cuisine ;
Je suis active, Bonne, & je couds à ravir,
Si vos amis y pouvoient consentir
Peut-être…

BONNE.

Ah ! qu'à cela ne tienne !

Mademoiselle DURAND.

Quoi ?…

BONNE.

De leur volonté, quand il s'agit du bien,
Je réponds comme de la mienne ;
Ils sont tous trois si bons… Mais vous voyez combien
Nous avons ici peu de place !

Mademoiselle DURAND.

Il faut y renoncer.

BONNE.

Il faut que nous ayons
Un autre logement pour que cela se fasse.
Car avec ceci nous n'avons
Qu'une chambre encor plus étroite,
Et puis ce cabinet à droite,
Où je loge. Voilà tout notre appartement.

Mademoiselle D U R A N D.

Mais c'eft tenu fi proprement !
Vous devez leur être bien chère.
Depuis quel tems avec eux logez-vous ?
Quel eft celui que votre cœur préfère ?
Les autres en font-ils jaloux ?
(*Voyant que Bonne ne répond rien à toutes fes queftions.*)
Pardon , Mademoifelle Bonne ,
Pardon. . . je fuis fi fotte avec mes queftions !
Tout dépend des intentions ;
Ah ! je ne condamne perfonne.

B O N N E, *triftement.*

A leur bonheur ils ont lié le mien,
Leur eftime fait tout mon bien ;
Le monde m'a ravi la fienne ,
Et de l'avoir jamais l'efpoir m'eft interdit.

Mademoifelle D U R A N D.

Ah ! vous aurez toujours la mienne,
La vertu fûrement, n'eft pas ce que l'on dit.
Vous êtes fi bonne & fi tendre !
Hé bien, vous êtes quatre, & vous vivez heureux ;
Combien , hélas ! ne font que deux ,
Et ne peuvent jamais s'entendre !
Tout mon étonnement eft que Monfieur Durci...

B O N N E,

Il me pourfuit. . . . .

B

Mademoiſelle D U R A N D.

Vraiment !..

B O N N E.

Oui, j'ai craint juſqu'ici
De leur en dire un mot. S'ils le ſavoient, peut-être
Ils voudroient ſe venger de lui.
Dès qu'il les voit ſortir, il arrive...

Mademoiſelle D U R A N D.

Le traître !

Je voudrois...

B O N N E.

Je tremblois qu'il ne vînt aujourd'hui :
Quand je l'entends, je cours fermer la porte ;
Il me parle à travers, il menace, il s'emporte ;
Tantôt il m'offre de l'argent,
Tantôt à m'épouſer il me dit qu'il aſpire,
Et qu'il pourroit facilement,
S'il obtenoit de moi ce qu'il deſire ;
Me délivrer de ces trois vagabonds
Dont je ſuis, dit-il, tourmentée.
Vous jugez ce que je réponds,
Et combien je ſuis peu tentée
Et de ſa main & de ſes dons.

Mademoiſelle D U R A N D.

Ah Dieu ! ſi d'un tel perſonnage
Vous deveniez la femme un jour,

Ce feroit bien le mariage
De la colombe & du vautour.
Il eft brutal, jaloux, avare;
Vous manqueriez fouvent de tout,
Moi qui fuis d'une bonté rare,
Quelquefois il me pouffe à bout.
Mais, mon Dieu, je ne puis comprendre
Ce qui peut tant le retarder;
Car jamais le matin...

BONNE.

Ne viens-je pas d'entendre
Sonner midi?..

Mademoifelle DURAND, *regardant à fa montre.*
Tout jufte...

BONNE.

Oh ciel! & le dîner
De mes enfans! Ma bonne amie,
De garder la maifon vous m'allez obliger,
Dans une minute & demie
Je ferai de retour...

Mademoifelle DURAND.

Ne vous preffez pas tant.

BONNE.

Je ne ferai pas davantage.
Mademoifelle DURAND.
Et moi, je vais en attendant,

B iij

Toujours avancer votre ouvrage,

BONNE, *en sortant avec un panier qu'elle a pris.*

Je vous suis obligée...

SCENE IV.

Mademoiselle DURAND, *seule.*

AH ! qu'on a bien raison
De fuir, de détester, de méprifer les hommes !
Et combien de méchans, dans le siecle où nous sommes,
Pour un de bon !

Qu'un vieillard amoureux est une triste chose !
Ce contraste a toujours révolté mon esprit,
Qu'il est outré dans ce qu'il dit,
Et malheureux dans ce qu'il ofe !

Animé des feux du desir
L'amour embellit la jeunesse,
Mais il faut aussi convenir
Qu'il enlaidit bien la vieillesse.

Le ciel conduise en ses vieux ans
L'homme atteint de cette foiblesse,
Mais sans rancune, aux jeunes gens
Qu'il pardonne du moins l'ivresse.

De ces plaisirs qui pour lui sont passés,
Et qu'une malice coupable
Ne le rende point haïssable;
Le Ridicule est bien assez.

Mais quelqu'un tâtonne à la porte,
Juste ciel! c'est Monsieur Durci.

SCENE V.

DURCI, Mademoiselle DURAND.

DURCI, *croyant voir Bonne.*

BON, elle est seule... hé bien...

(*Reconnoissant Mademoiselle Durand.*)

Que faites-vous ici?
Et qui vous a permis de courir de la sorte?..

Mademoiselle DURAND, *avec aigreur.*

Mais vous aviez ma clef, d'après cela chez nous
Je ne pouvois rentrer...

DURCI.

La voilà... taisez-vous.
Vous n'aviez qu'à m'attendre ailleurs...

Mademoiselle DURAND.

Où?

DURCI.

Dans la rue.

B iv

Plutôt que de venir chez ces trois étourdis,
  Dont l'existence est inconnue ;
  Que peut-être dans ce logis,
Un beau matin...

    Mademoiselle D U R A N D.

      Qu'y venez-vous donc faire ?

     D U R C I.

Moi !... J'ai de la musique à faire copier
  A ce barbouilleur de papier ;
  D'ailleurs, est-ce là votre affaire ?
Pourquoi ces questions ?..

    Mademoiselle D U R A N D.

      Je sais...

     D U R C I.

       Que savez-vous ?

   Mademoiselle D U R A N D.

Je sais que de leur bien votre cœur est jaloux ;
  Je sais le projet que vous faites
D'être d'un jeune objet le ridicule époux.
  Je sais, en un mot, que vous êtes
  Le plus mauvais de tous les fous.

   D U R C I, *en colere.*

Comment ! gouvernante du Diable !

   Mademoiselle D U R A N D.

Hélas il est trop vrai !..

DURCI.

Serpent que dans mon sein
J'alimentai...

Mademoiselle DURAND.

Mauvaise table !..

DURCI.

Et qui me fais ronger par le chagrin.

Mademoiselle DURAND.

Le chagrin n'a pas la dent forte,
Car vous êtes, ma foi, bien gras.

DURCI.

Comment ! tu ne conviendras pas,
Dans la rage qui te transporte,
Que si de l'épouser j'avois eu le dessein,
A ce train de vie effroyable
Elle eût dû préférer ma main,
La main d'une homme respectable?

Mademoiselle DURAND.

Vous !

DURCI.

Moi... ne suis-je pas un ancien Procureur ?
Dans cette carrière pénible
N'ai-je pas fait trente ans la guerre avec honneur?

Mademoiselle DURAND.

A l'honneur dites donc.

DURCI.

Quoi! ma main & mon cœur!

Mademoiselle DURAND.

Vous! un cœur! vous! comment est-il possible
De s'aveugler ainsi? Vous êtes laid & vieux,
Vous n'aimez que vous seul dans toute la nature,
Vous êtes dur, avare...

DURCI.

Injustice, imposture,
Bonne ne me voit pas avec vos méchans yeux.

Mademoiselle DURAND.

Ah! j'en suis caution, & Bonne vous déteste.
Cela peut-il être autrement?
A ses jeunes amis, sur-tout vous comparant...

DURCI.

Va-t-en, monstre infernal, ou bien je te proteste....

Mademoiselle DURAND.

Moi vous laisser ici tout seul!

DURCI.

Retirez-vous.

Mademoiselle DURAND.

J'ai promis...

DURCI.

Sortez, dis-je, ou craignez mon courroux.

Mademoiselle DURAND.

Ah ! le méchant !

DURCI.

Tant mieux.

Mademoiselle DURAND, *en s'en allant.*

Que n'eſt-elle rentrée
Auſſitôt qu'elle l'avoit dit ?

SCENE VI.

DURCI, *ſeul.*

SANS ces trois étourneaux, dont elle eſt entourée,
Je ne le ſais que trop & j'en meurs de dépit,
Je pourrois reüſſir ; mais voici ma vengeance.
De me voir ſeul ici j'avois peu d'eſpérance ,
L'occaſion ſouvent nous ſert mieux que l'eſprit :
Dans leurs papiers cachons bien cet écrit
Et ce deſſin qui n'eſt pas ſans malice.

(*Il cache parmi des deſſins & des papiers qui ſont
par terre, un deſſin roulé & un papier plié.*)

De vos félicités je me ferai juſtice,
Meſſieurs les gens à grande paſſion,
Et vous, à ma diſcrétion
Bientôt ſerez, ma belle demoiſelle,
Et nous verrons alors ſi vous ſerez cruelle.

Sans doute, elle va revenir,
J'ai loin de ce quartier rencontré Théodore
Avec armand , ils font bien loin encore :
Le Commandeur peut auffi retenir
Gabriel ; en tout cas , j'ai toujours mon excufe...
Je fuis venu pour un portrait,
De la mufique , ou bien... Mais fi je ne m'abufe,
J'entends chanter... grands Dieux ! feroit-il vrai ?

(*On entend la fin de l'air que Bonne a déja chanté.*)

Cet air, ce fon de voix , tout me dit que c'eft elle ;
Oui , la voilà...

—————————————————

SCENE VII.

DURCI, BONNE.

(*Elle entre un panier à fon bras , eft fort furprife de trouver Durci chez elle , & laiffe la porte ouverte*).

DURCI.

MADEMOISELLE.

BONNE.

Et de quel droit , Monfieur , vous trouvez-vous ici ?

DURCI.

Pardon , mais je venois..... à Monfieur Théodore,

Pour un opéra que voici...
Ah ! Bonne, vous favez que mon cœur vous adore ;
Fermerez-vous toujours les yeux
Sur le défordre & la licence...

BONNE.

Pour vos conseils officieux
Je fens vos droits à ma reconnoiffance ;
Mais mon ame, Monfieur, ne me reproche rien ?
Il fe peut qu'il ne foit pas bien
De vivre où je fuis enchaînée,
Non par des vœux, par le feul fentiment,
Mais je ferois plus mal affurément
En m'impofant la loi de l'hyménée
Avec vous, que, pour prix de votre foi donnée,
Je ne pourrois aimer jamais.

DURCI, avec dépit.

Femme indigne de mes bienfaits !

BONNE.

Je n'en ai pas befoin...

DURCI.

De vos foibles attraits
Mon ame fort peu s'inquiéte ;
Et pour l'honnête état que je vous deftinois,
Je vois bien maintenant que vous n'êtes pas faite !

BONNE.

Monfieur, j'ai déja répondu

A votre ridicule hommage ,
Si vous vous êtes attendu
Que plus d'audace obtiendroit davantage.

DURCI.

Au refus vous joignez l'outrage !...
Un jour votre orgueil confondu...

BONNE.

Si j'en avois, par vous comment pourroit-il l'être?

DURCI.

Ne croyez pas qu'impunément...

BONNE.

Si je n'étois seule dans cet instant
Vous ne m'oseriez pas ainsi parler en maître.

DURCI.

Hé bien , pardon, je veux être un amant soumis,
Et...

BONNE.

Vous ne le serez jamais d'aucune sorte ,
Monsieur , retirez-vous.

DURCI.

Au rang de vos amis
Je veux...
(*Tout en parlant il cherche à s'approcher de la porte*
pour la fermer.)

BONNE.

Je vais crier, si vous touchez la porte...

Mais j'entends Gabriel monter.

D U R C I, *outré.*

Vous êtes bien vaine & bien forte !

B O N N E.

Oui, je doute en effet qu'il me laiffe infulter.

D U R C I, *tout bas.*

Ah Bonne, appaifez-vous,... hé bien je me rétire,

(*Tout haut*).

Mademoifelle, ainfi, vous voudrez bien lui dire...

SCENE VIII.

DURCI, GABRIEL, BONNE.

G A B R I E L.

QUE demande Monfieur ?

D U R C I.

Monfieur, je defirois...
Parler à Monfieur Théodore...
Pour un œuvre que je voudrois...
Le prier...

G A B R I E L, *à Bonne.*

De retour ils ne font point encore !

B O N N E.

Non...

DURCI.

Dans ce cas je reviendrai ;
Je vous salue... (*A part*). Allons accomplir ma vengeance.   (*Il sort*).

_____

SCENE IX.

BONNE, GABRIEL.

GABRIEL.

CETTE figure d'égaré
M'inspire de la défiance.
Que te disoit-il donc, Bonne ?...

BONNE.

Mais, rien, je pense.

GABRIEL.

Tu mens, regarde-moi.

BONNE.

Que vois-tu dans mes yeux ?
Dis..

GABRIEL.

J'y vois qu'il est impossible
De n'en être pas amoureux,
Et que Monsieur Durci, quoique vieux, né sensible...

BONNE.

Hé bien, mon cher, tu l'as justement deviné.

GABRIEL.

GABRIEL.

Comment ?..

BONNE.

Depuis un mois il me tourmente,
Ici tantôt j'avois sa gouvernante :
Il m'a fallu sortir pour le dîné,
De garder la maison je l'avois suppliée
Pour un instant ; en revenant ici,
J'ai comme tu crois bien, été fort étonnée
D'y trouver seul Monsieur Durci,
Qui l'avoit, d'en sortir, sûrement obligée.

GABRIEL.

Et de ce feu pourquoi ne nous as-tu rien dit ?

BONNE.

C'est qu'il ne m'a troublé, ni le cœur ni l'esprit ;
J'ai cru pouvoir au moins le payer du mystère :
Espérant bien que l'homme finiroit
De son côté, lui-même, par se taire.

GABRIEL.

Le scélerat ! quand il sortoit.
Si j'avois su...

BONNE.

C'étoit toute ma crainte ;
Mais je crois que sa passion,
Par désespoir, peur ou raison,
Aujourd'hui dans son cœur est bien près d'être éteinte ;

Ç

De ses vœux sûrement, j'ai reçu les derniers,
Ainsi n'en parle point aux autres.

GABRIEL.

Monsieur Durci, respectéz nos foyers,
Ou nous irons troubler les vôtres.

BONNE.

Voilà pourquoi, tantôt quand vous êtes sortis,
J'ai craint de-rester seule.

GABRIEL.

Hé bien, ma chere Bonne,
Cela ne fera plus : nous sommes avertis,
Moi, du moins, j'ai plus que.personne,
Besoin d'être avec toi ; par mon art, ainsi qu'eux,
Je ne suis pas distrait : leur muse impérieuse,
Dans un monde idéal, les entraîne tous deux...
La mienne est douce... & toujours amoureuse...
Mon cœur est toujours là... c'est toujours dans tes yeux,
Que je choisis... que je sens mes modèles...
De la nature, interprètes fidèles,
J'y trouve tout, quel que soit mon sujet.
Quelquefois, d'un éclair, pour frapper un orage,
J'y saisis-le rapide effet.
Plus souvent, pour un soir, dans un doux paysage,
D'un tendre demi-jour j'y puise le reflet;
Mais quand, suivant un plus heureux délire,
Je peins la mère des amours,
Que de mes sens, je puis vaincre l'empire...

Et fuivre , détailler tous ces brûlans contours...
Ah ! c'eft alors que ma toile refpire.

BONNE.

(*Avec paffion.*)   (*fe contraignant.*)

Ah! que... que t'a donc dit Monfieur le Commandeur ?

GABRIEL.

Tout ce que lui dicte fon cœur ;
Il m'a traité, comme à fon ordinaire,
Affable, bon , généreux , indulgent ,
Voulant nous tenir lieu de père.
Il m'a forcé de prendre cet argent ,

(*Il pofe un fac d'argent fur une table.*)

Eftimant , difoit-il , beaucoup plus mon ouvrage ,
Et ne bornant jamais la valeur du talent.
Mais il veut venir voir notre petit ménage ;
J'ai, comme tu crois bien , beaucoup parlé de toi.

BONNE.

Tu n'as pas trop bien fait !

GABRIEL.

Il a , je crois , en tête ,
Pour notre bien , quelque projet fur moi.

BONNE.

Sur toi, pour notre bien !...

GABRIEL.

Mon efprit ne s'arrête

Qu'à celui fûrement de quelques grands tableaux ;
Mais s'il vient il verra, que pour de tels travaux
    La chambre eft fix fois trop petite.
    De l'opéra de nos amis
Il veut auffi chez lui tenter la réuffite.

BONNE.

Tant mieux...

GABRIEL.

        On voit enfin qu'il s'eft promis
D'être le bienfaiteur de notre république.
Mais voici nos auteurs.

SCENE X.

BONNE, GABRIEL, ARMAND, THÉODORE.

THÉODORE.

    BONNE, notre mufique
Ira bien ; (à Gabriel.) ton palais fait un effet charmant ;
    Nous avons, d'heureufe aventure,
Comme nous entrions, trouvé les deux Audran,
    Et nous avons effayé l'ouverture.

GABRIEL.

    Moi, Meffieurs, en vous attendant
J'ai recueilli, tenez...

ARMAND, *prenant le sac qui est sur la table.*

Moi, je prends la récolte.

THÉODORE.

Ah ! partageons...

BONNE.

Hé bien, voyez ces deux frelons !
Rendez, Messieurs, rendez, ou bien...

ARMAND, *après s'être laissé prendre le sac.*

Je me révolte.

BONNE.

Tu te révoltes....tiens!...

(*Elle lui donne un soufflet, ainsi qu'aux autres.*)

THÉODORE.

Je me révolte aussi.

BONNE.

Oui?..

GABRIEL.

Je me révolte donc!...

BONNE.

Tiens... Ah! Dieu merci,
Voilà la révolte appaisée.
Un peu de rigueur à propos...

ARMAND.

La chose n'étoit pas aisée,
Les esprits fermentoient...

C iij

BONNE.

Mais puisque le repos
Est établi, je vais procéder aux partages ;
Gabriel, de combien...

GABRIEL.

Il est de six cent francs.

THÉODORE.

Honneur & gloire à vos talens,
Diable ! tu vends cher tes ouvrages !

GABRIEL.

C'est malgré moi...

ARMAND.

Vivent les amateurs !

GABRIEL.

Vivent sur-tout les Commandeurs !

BONNE.

Vous aurez chacun trois louis...

ARMAND.

Pas davantage !

BONNE.

C'est bien assez, & les seize restans
Sont pour faire aller le ménage.
(*Elle leur donne à chacun,*)

GABRIEL.

Merci Bonne...

ARMAND.

Merci...

THÉODORE.

Merci...

BONNE.

Mes chers enfans,

Ménageons long-tems cette aubaine.

Il faut...

THÉODORE.

Bon ! & notre opéra,

Dont la réussite est certaine.

BONNE.

Oui, mais ce qu'on attend ne vaut pas ce qu'on a.

ARMAND.

Bonne a raison, comme à son ordinaire.

J'acheterai des livres...

GABRIEL.

Et moi des dessins.

THÉODORE.

Et moi, j'irai voir dans quelque inventaire

Un de ces bons vieux clavecins,

Dont pour très-peu de chose on fait souvent affaire.

ARMAND.

Oui, car pour composer, avec ton instrument,

Je ne sais comment tu peux faire.

BONNE.

Mais tu n'as pas affez d'argent,
J'ajouterai, dans ce cas, à ta fomme.

THÉODORE.

Oui !.. garde tout en attendant,
Et quand j'aurai trouvé...

(*Ils lui rendent chacun leurs trois louis.*)

GABRIEL.

Ma foi, j'en fais autant.
Tiens, prends...

ARMAND.

Moi, je ne fuis pas homme
A dépenfer plus qu'eux...

BONNE.

Vous le trouverez là
Quand vous aurez befoin de quelque chofe.

THÉODORE,

A propos, & notre air !..

BONNE.

Ah! tant qu'il vous plaira,
Mais pas à préfent & pour caufe ;
Il faut que je fonge au dîné.

THÉODORE.

Ah! nous avons bien déjeûné !

ARMAND.

Et bien tard ; nous pouvons attendre.

THÉODORE.

Pour un moment on peut suspendre...

BONNE.

Voilà ce que je n'aime pas.

THÉODORE.

Bonne, pour aujourd'hui, je t'en prie...

BONNE.

En ce cas,

Mettons-nous-y sans tarder davantage.

THÉODORE, *cherchant son air.*

Bien !... voyons... le voici...

ARMAND, *à Bonne.*

Mets-toi sur mes genoux.

THÉODORE.

Toi, Gabriel, écoute-nous,
Tu seras notre aréopage.

(Armand est assis, Bonne est sur un de ses genoux.
Théodore est debout à côté d'eux, & accompagne
avec sa guitare.)

Il faut que le chant soit très-doux ;
Un homme qui n'est plus dans la saison de plaire,
Mais qui voudroit encore aimer,
D'un jeune objet qu'il ne peut enflammer
Reçoit un conseil salutaire.

GABRIEL, *avec enthousiasme.*

Ne vous dérangez pas... attendez un instant.

THÉODORE.

Hé bien?...

GABRIEL, *allant chercher du papier & un crayon.*

Cela ne m'empêchera pas d'entendre,
　　Je veux de ce groupe charmant
Prendre l'esquisse, là...

(*Après s'être assis pour dessiner, il se relève, & dit avec
　　précipitation :*)

　　　　　Hé!... je puis m'y comprendre...

ARMAND.

Encore?...

GABRIEL.

　　Encore un seul petit moment...

(*Il va chercher un miroir de toilette, le dispose de ma-
　　nière que le groupe soit sensé pouvoir s'y répéter;
　　il s'assied ensuite par terre aux pieds de Bonne &
　　regarde l'ensemble que répète la glace, pour le
　　dessiner.*)

Là... c'est fini, commencez à présent.

BONNE, *chante.*

Lorsque l'amour & l'amitié,
Firent deux parts de notre vie,
Chacun veilla que sa moitié
Par l'autre ne fût envahie.

Quand, faute de foins, un des deux
Vient à rompre un traité si fage,
Nous ceffons alors d'être heureux,
Et tout languit de cet outrage.

L'amitié fe plaint que l'amour
Lui ravit une ame fidelle,
Et l'amour gémit à fon tour
De n'être traité que comme elle.

Quand on s'enflamme après le tems
Qui convient feul à la téndreffe,
On voit revenir les tourmens
Sans les plaifirs de la jeuneffe.

Cueillons l'amour comme une fleur
Qui porte à la tête des fages;
Il eft un âge pour le cœur
Comme un bonheur pour tous les âges.

SCENE XI.

LES ACTEURS PRÉCÉDENS, UN
EXEMPT, M. DURCI, *qui fe tient
caché quelque tems dans le grouppe du monde qui eft
refté à la porte.*

L'ÉXEMPT.

DE ce logis que perfonne ne forte.

GABRIEL, *fe levant ainfi que tout le monde.*
Que vois-je!...

BONNE.

O ciel !...

L'EXEMPT, *à sa suite.*

Vous, gardez cette porte.

ARMAND.

Hé bien, Monsieur, que voulez-vous ?

L'EXEMPT.

Messieurs, je vous arrête tous.

BONNE.

Grand dieux !...

THÉODORE.

Qu'avons-nous fait ?

L'EXEMPT.

Nul de vous ne l'ignore;
Inconnus & suspects, vous ne vivez ici
Que d'une coupable industrie.

ARMAND.

Depuis quand les talens...

L'EXEMPT.

On vous reproche aussi,
D'employer ces talens avec effronterie,
A corrompre les yeux & semer des erreurs.
D'un poëme contre les mœurs,
Un de vous est auteur, un autre est son complice.

ARMAND ET THÉODORE.

Nous!...

L'EXEMPT.

Le troisième a fait des tableaux offensans
Pour le bon ordre & la justice.

GABRIEL.

Moi, j'ai!...

BONNE.

Monsieur!...

L'EXEMPT.

J'ignore avec ces jeunes gens,
Quel est l'intérêt qui vous lie,
Mais dans cet ordre, mon enfant,
On ne vous nomme point... vous êtes fort jolie...
Peut-être...

ARMAND.

Et voilà donc comment,
Sous la garde des lois des citoyens reposent?
Des libertés, impunément,
A leur gré des méchans disposent!..
L'innocence & l'obscurité
Ne peuvent se soustraire à leur main criminelle!
Unis par le travail, la douce égalité,
L'amour du bien, l'amitié fraternelle,
A nos foyers on nous vient arracher,
Et sur les prétextes frivoles,

De tableaux offenfans , d'indifcretes paroles,
On nous ravit notre bien le plus cher.

BONNE.

Monfieur, ils ne font pas coupables,
Et comme vous , honnêtes tous les trois,
D'offenfer les mœurs ni les Rois,
Ils font à jamais incapables.
Au nom du ciel...

L'EXEMPT.

Je n'y puis rien...

BONNE.

Hé quoi !
Rien ne peut les fauver...

(*Elle fe met aux genoux de l'Exempt.*)

ARMAND, *la relevant.*

Bonné , releve-toi,
Et ne t'avilis point... d'ailleurs , de l'injuftice
Cet homme n'eft que l'inftrument ;
Quand tu le toucherois, il faut qu'aveuglément
A fes maîtres il obéiffe.

BONNE.

Dieux !..

THÉODORE.

Mais enfin fur quel indice
Vient-on porter ici le trouble & la douleur ?...

Quel eſt le fourbe, l'impoſteur...
Qui peut...

GABRIEL, *avec fureur.*

Etes-vous donc tous deux d'intelligence?..
Et...

L'EXEMPT.

Jeunes gens, modérez-vous,
J'ai pu voir quelquefois triompher l'innocence,
Ses accens ſont beaucoup plus doux.

ARMAND.

Oui, quand par l'infortune elle eſt intimidée...
Mais quand elle s'indigne, & qu'elle eſt ſecondée,
Elle s'énonce comme nous.
On reconnoît un caractère,
Opprimé ſans être abattu,
Et les accens de la colère
Sont alors ceux de la vertu.

L'EXEMPT.

Oui, vous en avez le langage,
Et puiſſent vos papiers, que je vais viſiter,
A mes regards ne préſenter
Rien à votre déſavantage!
Le mal n'eſt pas ce que je veux.

GABRIEL, *appercevant Durci.*

Que fait ici ce malheureux?

DURCI, *embarrassé.*

L'intérêt d'un voisin...

L'EXEMPT.

Grand dieux! quel voisinage!
On ne m'envoie ici que sur son témoignage.

BONNE.

L'infâme!..

ARMAND ET THÉODORE.

Hé bien?...

BONNE.

J'ai fait à ses séductions
Depuis plus d'un mois, résistance;
Ce qu'aujourd'hui nous éprouvons,
N'est que le fruit de sa vengeance.

THÉODORE.

Ah! si tu l'avois dit!...

ARMAND.

Mais nous ne craignons rien;
Cherchez dans nos papiers...

DURCI, *à part.*

Fort bien.

L'EXEMPT, *trouvant le papier & le dessin qui ont été cachés par Durci.*

Messieurs!...

ARMAND.

ARMAND.

Quelle trame exécrable !

L'EXEMPT.

Comment juſtifier cet écrit puniſſable,
Et ce licencieux deſſin ?..

BONNE, *regardant ſes amis.*

Il faut que de ſa propre main,
Le ſcélerat, en notre abſence,
Ici les ait cachés... Mais ce matin...: je penſe...
Quand je l'ai trouvé ſeul ici...
Oui traître, tout eſt éclairci,
Et ton air confondu prouve leur innocence.

DURCI, *ſe troublant.*

Que veut dire ceci ?.. faites votre devoir,
Monſieur...

L'EXEMPT.

Oui, Monſieur, mais ce que je viens de voir,
A m'aſſurer de vous également m'oblige,
Et du pouvoir, quoique aveugle inſtrument...

ARMAND.

Ah ! Monſieur, pardonnez à mon emportement.

L'EXEMPT.

Je puis faire du moins ce que l'honneur exige ;
Allons, Monſieur, marchez devant.

D

DURCI.

Monsieur, je suis connu...

L'EXEMPT.

Pour cela justement.

DURCI.

Je puis prouver...

L'EXEMPT,

Marchez, qu'on obéisse.
Suivez-moi tous les trois... on vous rendra justice.

ARMAND.

Adieu, Bonne...

BONNE.

Vous me quittez?..

ARMAND.

Nous reviendrons.

GABRIEL.

De ce vil délateur, va, nous triompherons,
Et tu ne seras pas sa proie.

BONNE.

Ah! mes amis!..

THÉODORE.

Du courage pour un instant.

GABRIEL, voyant paroître le Commandeur.

Monsieur le Commandeur! Ah! le ciel bienfaisant,
Pour nous rassurer nous l'envoie.

SCENE XII.

LES ACTEURS PRÉCÉDENS LE COMMANDEUR DE SURVAL, Mademoiselle DURAND.

L'EXEMPT.

C'EST Monsieur de Surval!..

Mademoiselle DURAND.

J'ai vu de l'imposteur,
La trame affreuse, & votre protecteur,
Instruit par moi...*

LE COMMANDEUR.

Je viens de tout apprendre,
Monsieur, & je prends tout sur moi.
De ces trois jeunes gens, qu'ici vous veniez prendre,
Je vous réponds...

L'EXEMPT.

Votre parole est une loi.

LE COMMANDEUR.

Chez le Magistrat respectable
Auprès de qui ce misérable

_____

* Mademoiselle Durand a dû se montrer un instant à la Scène
précédente, dans le grouppe de monde qui est resté à la porte.

A trouvé le moyen de les calomnier,
Je vous suis avec eux pour les justifier.

L'EXEMPT.

Monsieur, je me retire, & je crois qu'ils sont dignes
De vos bontés, de votre appui;
Mais pour celui dont les fourbes insignes...

DURCI.

Monsieur a dit qu'il prenoit tout sur lui.

LE COMMANDEUR.

Je ne le devrois pas, pour ce qui vous regarde,
Mais en vous laissant libre on vous connoîtra mieux,
Votre front peint un cœur bas, cruel, envieux...
Et contre vous pour être en garde,
Il suffit d'y jetter les yeux!
Sortez.

L'EXEMPT.

Monsieur, prenez-donc votre image
Et votre écrit... bien...

DURCI, en s'en allant.

Mademoiselle Durand...

(*Il sort.*)

Mademoiselle DURAND.

J'irois m'exposer à ta rage!...
D'être étranglée en un instant.
Si j'avois, tant soit peu d'envie,
Ce seroit bientôt fait... si jamais de ta vie
Tu me vois, je veux bien...

L'Exempt.

Monsieur le Commandeur
N'a rien à m'ordonner !. ...

Le Commandeur.

Monsieur, je vous salue.
Nous marchons sur vos pas.

Armand, *à l'Exempt.*

Pardon, de tout mon cœur ;
Si votre honnêteté, fut de nous méconnue,
C'étoit. ..

L'Exempt.

Croyez, dans mon état,
Qu'on peut trouver un homme délicat.

Le Commandeur, *à l'Exempt.*

Vous le prouvez assez. ..

Mademoiselle Durand.

Moi, je vais de l'escorte
Profiter pour aller chez un de mes parens ;
Car je redoute les méchans ;
Il m'attend peut-être à sa porte.

Bonne.

Ah ! de tout notre cœur, nous vous remercions,
Et quand à même nous serons,
Vous savez ce que je veux dire.

Mademoiselle D u r a n d.

Oui, oui, vous feriez mon bonheur;
Après ce moment je soupire.

(*Elle sort, ainsi que l'Exempt & sa suite.*)

SCENE XIII ET DERNIERE.

LE COMMANDEUR, BONNE, GABRIEL,
ARMAND, THÉODORE.

GABRIEL,

Hé bien, vous serez donc toujours le bienfaiteur
D'une société qui vous chérit!...

LE COMMANDEUR,

Peut-être
Vais-je à mon tour y porter la douleur.

BONNE,

Vous, Monsieur!...

LE COMMANDEUR.

Oui, mais vous allez connoître,
Que mon cœur est du moins digne d'être entendu :
Je m'étois toujours attendu
Que la façon dont vous passez la vie,
Quoique innocente à vos voisins,
Deviendroit un sujet de scandale ou d'envie.

Cet intérêt commun qui confond vos deſtins,
　　　Vous donne l'air de la licence,
Quand vous n'obéiſſez qu'au plus pur ſentiment.
Mes enfans, on n'eſt pas heureux impunément,
　　　Croyez-en mon expérience ;
　　　Des bonnes mœurs, de la décence,
　　　Vous avez contre vous la voix,
Avec ce jeune objet vous vivez tous les trois.

ARMAND, *avec feu.*

Gardez-vous de penſer qu'un indigne partage
　　　Ait jamais avili ſon cœur ;
La candeur nous le donne, & de notre bonheur,
　　　Nous ſavons faire un noble uſage.
　　　De nos vertus, de nos talens,
　　　Source pure autant que féconde,
　　　Bonne eſt à tous nos ſentimens,
　　　Ce que la nature eſt au monde !

THÉODORE.

Et qu'avons-nous beſoin, qu'un public envieux,
　　　Ou nous condamne, ou nous approuve ?
　　　Donne-t-il ce qui rend heureux ?...
Pourquoi chercher ailleurs, ſi notre ame le trouve,
　　　Et dans ſon ame & dans ſes yeux.

LE COMMANDEUR.

　　　Elle eſt honnête, aimable & tendre,
　　　Mes chers amis, je le vois bien ;
Mon cœur à vos diſcours eſt tout prêt à ſe rendre ;

　　　　　　　　　D iv

Et vous croit tous dignes du sien.
Je vois, sur-tout, dans ce commun lien,
L'effort d'une amitié suprême;
Unis par l'objet qui vous aime,
Vous l'adorez, & n'êtes point jaloux...
Mais un jour peut venir... les momens les plus doux
Sont bien souvent...

GABRIEL, *avec sentiment & impatience.*

Hé bien! quelle est donc votre envie?..
Je ne m'attendois pas que jamais la douleur
Me vînt de vous... Nous ôter notre sœur!...
Ce seroit m'arracher la vie.

LE COMMANDEUR.

Non, mais qu'elle en nomme un.

BONNE.

J'aimerois mieux mourir.

ARMAND.

Si son cœur peut y consentir
J'en subirai la fortune cruelle.

BONNE.

Et ce seroit le prix de l'amour fraternelle,
Que tous les trois...

GABRIEL, *avec feu.*

Ah! ne le nomme pas,
J'affronterois mille trépas,
Plutôt que te voir infidelle...

BONNE.

Non, ne crains rien...

LE COMMANDEUR.

Hé bien, écoutez mes enfans,
C'eſt à regret que je vous bleſſe ;
Foible contre vos ſentimens,
J'aime mieux attaquer votre délicateſſe.
A cette ſéparation,
Vous ſerez forcés de vous rendre,
Je ne vous dirai point que ma protection
Eſt à ce prix ; ce ſeroit vous la vendre,
Et lors vous n'en voudriez pas.
Mais ſi l'amitié la plus tendre
De ma part à vos yeux avoit quelques appas,
Vous tenteriez ce noble ſacrifice.
Vous chériſſez cet objet enchanteur ;
Mais êtes-vous bien certains que ſon cœur,
Selon vos vœux, pour vous trois réuniſſe
Aux même feux le même ſentiment ?
Des heureux dons de la jeuneſſe
Vous brillez tous également,
Sur-tout vous vous croyez tous la même tendreſſe.
Mais s'il en étoit autrement,
Si ſon ame, ſans être ingrate,
Avoit un jour à votre inſçu,
Dans un de vous trois apperçu
Une nuance un peu plus délicate,

Et qu'elle eût fait pour lui pencher ses sentimens...
Mes amis, rendez-vous justice,
Depuis ce jour, tous ses momens
N'auroient été qu'un long supplice.

ARMAND.

Ah Bonne ! que dit-il ?..

THÉODORE.

Est-il vrai ?..

LE COMMANDEUR.

Son bon cœur
Ne lui permettra pas d'avouer ce mystère,
Mais en vain elle veut se taire
Voyez ses larmes, sa rougeur.

GABRIEL, *se jettant aux genoux de Bonne avec la
plus grande douleur.*

Bonne, suis-je un de ces coupables ?...
Dis, & mets-moi par cet arrêt,
Au rang des derniers misérables.

ARMAND.

Bonne, dis quel est en effet...

BONNE, *en pleurant.*

Epargnez-moi, cruels...

LE COMMANDEUR.

Hé bien, ma chère amie...
Rendez le calme à vos sens oppressés.

BONNE.

Ah ! c'est vous qui me trahissez ;
Vous voulez que je sois, & barbare & parjure,
Mais plutôt que leur faire injure...
Je mourrai mille fois...

LE COMMANDEUR.

Je veux votre bonheur.

BONNE.

C'est l'acheter trop cher !..

ARMAND.

Non, bonne, non, mon cœur
Est déchiré... mais l'amitié m'éclaire ;
(A Théodore.)
Mon ami, je compte sur toi,
Théodore sera généreux comme moi ;
Regarde à ses pieds notre frere *...
Vois son état... il faut...

THÉODORE.

Hé bien, oui, je le veux.

GABRIEL.

Que faites-vous, amis trop généreux !..

ARMAND.

Ami, c'est toi qu'elle préfère.

---

* Gabriel est resté aux genoux de Bonne, & paroît absorbé par
la douleur.

GABRIEL.

Non, elle n'a rien dit...

ARMAND.

Je l'ai vu dans ses yeux,..
Son ame s'y peint tout entière.

BONNE.

Ah! fussent-ils plutôt privés de la lumière,
Si j'ai trahi...

ARMAND.

Non, vous serez heureux,
Et l'amitié ne sera point trahie.

GABRIEL.

Mes amis!...

THÉODORE.

Gabriel, nous te donnons tous deux,
Peut être plus que notre vie...

GABRIEL.

Ah! je le sens bien à mon cœur,
Et si tu veux que j'en jouisse,
Ne me montre pas la douleur
Que te cause le sacrifice.

BONNE.

Amis nobles & délicats,
Vous avez surpris mon ame,
Et mes secrets & mes combats;

COMÉDIE. 61

C'est vous qui découvrez une timide flamme,
Et nous devrons à vos bienfaits
Un bonheur, hélas! dont jamais
Mon cœur n'avoit osé s'avouer l'espérance.
Ah! c'est pour ne pas être ingrats,
Que de notre reconnoissance
Les transports n'éclateront pas.

ARMAND.

Ne te contrains plus, chère bonne,
Va, notre amitié te pardonne
Ta préférence & son bonheur.

THÉODORE.

Nous serons toujours tes bons frères,

BONNE.

Toujours chéris de votre sœur.

LE COMMANDEUR.

Mes bons amis, que ces momens prospères
Me font éprouver de douceurs!
Je viens donc de vous rendre aux mœurs;
Ah! votre ame en étoit bien digne!
Mais après cet effort insigne,
A vos cœurs déchirés je dois un appareil.
Vous avez suivi mon conseil;
Venez jouir de mes richesses;
Je vous adopte tous, vous serez mes enfans;
J'ai jusqu'ici fait des largesses

A des ingrats... vous, vous ferez reconnoiffans,
De mes vieux jours vous ferez les délices...

BONNE.

Ah! que vous êtes bon!

THÉODORE.

Que vos foins font touchans!

LE COMMANDEUR.

Et pour finir ce jour fous de meilleurs aufpices,
Venez-vous-en dîner chez moi.
Mais une fois paffés fur le feuil de ma porte,
Je vous préviens, voilà ma loi;
Je ne veux plus qu'aucun de vous en forte;
J'ai des appartemens tout prêts,
Et l'on viendra prendre ici vos effets.

ARMAND, *d'un air très-affecté.*

Ah! cette loi m'eft néceffaire...
Ici je ne veux plus me trouver un inftant.
J'y pleurerois...

BONNE.

Tais-toi!..

LE COMMANDEUR.

Ce foir un bon Notaire
Viendra de cet aimable enfant,
Ecrire le contrat., & je le ferai faire
Selon certains petits projets.

GABRIEL.

Ah! nous acceptons vos bienfaits,
Avec franchise & confiance,
Comme vous nous les accordez...

LE COMMANDEUR.

De ne me point quitter, si vous me répondez,
Vous m'avez tous payé d'avance.

Tous ensemble.

Oui! nous vous le jurons...

LE COMMANDEUR.

Venez-donc; dans l'aisance
Vous cultiverez les beaux arts,
Et favoris un jour, des filles de mémoire,
Vous parviendrez au temple de la gloire,
Sans avoir de la route encouru les hasards.

VAUDEVILLE.

*Sur l'Air : L'Amour est un enfant trompeur, me dit
souvent ma mère.*

GABRIEL.

Un sage a prétendu qu'au bien
Le mieux étoit contraire,
Moi, d'aujourd'hui, je n'en crois rien,
Mon sort étoit prospère :
Leur amitié, le tendre amour,
De Bonne me font en ce jour
Époux au lieu de frère. (*bis.*)

ARMAND.

Il est des peines que souvent,
   Raison veut qu'on subisse ;
Mais quand du plus cher sentiment,
   On fait le sacrifice...
Si pour guide & consolateur
On ne retrouvoit pas son cœur,
   Ce seroit un supplice.   (*bis.*)

THÉODORE.

Pour l'ame, ainsi que pour les yeux
   Les arts sont pleins de charmes,
Et l'amitié nous vint des Dieux
   Pour essuyer nos larmes :
De l'amour je ne dirai rien...

BONNE, *finissant le Couplet.*

Moi je n'ose en dire du bien
   En lui rendant les armes.   (*bis.*)

L'amitié me force au bonheur,
   Et pour comble d'ivresse,
Je vois à l'aveu de mon cœur
   Applaudir la sagesse.
(*Au Public.*)
   Ah ! puissiez-vous ainsi, Messieurs,
Etre autant d'amis généreux
   Que mon sort intéresse !

FIN.

Lu & approuvé pour la représentation & l'impression, le 7 Juillet 1788.
      SUARD.

Vu l'Approbation, permis de représenter & d'imprimer, A Paris, ce 8 Juillet 1788. DE CROSNE.

PIECES NOUVELLES,

Jouées à la Comédie Italienne.

L'ABBÉ de Plâtre, Comédie de M. Carmontel, 1 l. 4

De M. Marmontel.

Silvain, Comédie,	1 l. 4
Le Huron, Comédie,	1 l. 10
Lucile, Comédie,	1 l. 4
Théâtre de M. Sedaine, 4 vol. in-8°, broché,	16 l.

L'on vend séparément toutes les Pieces du même Auteur.

De M. Monvel.

Blaise & Babet, Comédie,	1 l. 10
Alexis & Justine, Comédie,	1 l. 10

De MM. de Piis, Després & Resnier.

La bonne Femme,	1 l. 4
L'Opéra de Province,	1 l. 4

De MM. de Piis & Barré.

Caffandre Oculiste,	1 l. 4
Ariftote Amoureux,	1 l. 4
Les Vendangeurs,	1 l. 4
Les Amours d'Eté,	1 l. 4
La-Veillée Villageoise,	1 l. 4
Le Printems,	1 l. 4
Caffandre Aftrologue,	1 l. 4
Etrennes de Mercure,	1 l. 4
Le Gâteau à deux féves,	1 l. 4
L'oifeau perdu,	1 l. 4
Le Mariage in extremis,	1 l. 4
Les Voyages de Rofine,	1 l. 4

De M. Desfontaines.

L'Amant Statue,	1 l. 4
Ifabelle Huffard,	1 l. 4
L'amour & la Folie,	1 l. 4

Le Réveil de Thalie,   1 l. 4
Les Amours de Chérubin,   1 l. 10
Les trois Inconnues,   1 l. 4
La Dot,   1 l. 10

De M. Parisau.

La veuve de Cancale, Parodie,   1 l. 4
Richard, Parodie,   1 l. 4
La Soirée d'Eté,   1 l. 4
Sophie de Brabant, Pantomine,   1 2
Les deux Amis,   1 2
Le Roi Lu, Parodie,   1 l. 4
Mercure & les Ombres,   1 l. 4
Le Prix académique,   1 l. 4

De M. de Florian.

Les deux Billets, Comédie,   1 l. 4
Janot & Colin,   1 l. 4
Blanche & Vermeille,   1 l. 4
Le Baiser,   1 l. 4
Les Jumeaux de Bergame,   1 l. 4
Le bon Ménage,   1 l. 4
La bonne Mere,   1 l. 4

Œuvres diverses de M. de Piis.

Les Solitaires de Normandie,   1 l. 4
Les trois Déesses rivales,   1 l. 4

On trouve aussi, chez le même Libraire, un assortiment de toutes les Pieces jouées sur les différens Théâtres de Paris.

Il tient la Librairie ancienne & nouvelle.

www.ingramcontent.com/pod-product-compliance
Lightning Source LLC
LaVergne TN
LVHW022015080426
835513LV00009B/738